Les incontournables

Les 10 lieux de visite à ne manquer sous aucun prétexte !

✪ Duomo (A C1)
… ou l'emblème de Florence. Un dôme de tuiles orange chapeautant la façade de marbres polychromes de la cathédrale et une silhouette qui organise tout le paysage autour d'elle. Un miracle technique né d'un esprit génial de la Renaissance : Brunelleschi. De son lanternon, ou du toit du Campanile voisin, le panorama sur la ville est immanquable. En face, sur l'esplanade piétonne, on admire le baptistère et sa porte dite du Paradis. Mais c'est des hauteurs alentour, Piazzale Michelangelo (**F** D2) ou de Fiesole, qu'il révèle toute sa dimension !

✪ Piazza della Signoria / Galleria degli Uffizi (A B5)
Lequel est le plus haut ? Le sommet du Dôme ou celui de la flèche du Palazzo Vecchio ? Qui est le plus puissant, du pouvoir spirituel ou du pouvoir temporel ? Le spirituel, grâce à Brunelleschi, a vaincu, mais les proportions de la Piazza della Signoria demeurent magnifiées par la masse de ce palais forteresse. La place s'ouvre ensuite sur les Offices, un des premiers musées au monde, véritable festin de peinture italienne. Les plus grands noms se succèdent, reflets vivants de l'incroyable fécondité de Florence à la Renaissance. Pollaiuolo, Uccello, Lippi, Michel-Ange, Vinci, Botticelli, Pontormo, que de splendeurs ! Fruit des échanges culturels et commerciaux, la section flamande et hollandaise est particulièrement abondante.

✪ Ponte Vecchio (E F2)
Deuxième image d'Épinal de Florence : on ne peut que lui céder ! Ce pont habité a résisté aux foudres de l'Histoire. Il est beau du dehors, du dedans, on lui tourne autour d'une rive à l'autre, on le traverse, légèrement importuné d'être si nombreux à avoir eu la même idée, et on admire ses dégradés de rouges, oranges et jaunes rosés des fenêtres des Offices ou de la terrasse d'hôtels sélects…

✪ Galleria dell'Accademia (C B3)
Le temple de l'œuvre de Michel-Ange. Entre le *David* autour duquel on tourne, les yeux levés, suivant le modelé et l'intensité de la ligne, et la série des *Esclaves* tentant dans un effort surhumain de se libérer de la matière, quarante ans de la vie de l'artiste se sont écoulés. À voir aussi, une collection de tableaux du XIVe s., incomparable.

✪ Santa Maria Novella (B E3)
Les œuvres d'art les plus exceptionnelles ne sont pas forcément au musée. Toute proche de la gare, l'église Santa Maria Novella, aux formes exceptionnellement gothiques, peut se vanter de posséder la *Trinité* de Masaccio (XVe s.), qui y introduisit la perspective, un crucifix de Giotto, les fresques de Lippi et de Ghirlandaio… Sans oublier son cloître vert, véritable Bible illustrée.

✪ Quartier Santa Croce (D)
Pour son église, sa place toujours animée, ses ruelles aux maisons rythmées de persiennes vertes. La basilique franciscaine égrène les chefs-d'œuvre et les tombeaux de personnages illustres (Machiavel, Michel-Ange). Et l'on y va pour un Giotto au sommet de son art.

✪ Oltrarno
Paris possède sa Rive droite et sa Rive gauche, Florence aussi. La première, où trônent le Dôme et les principaux lieux de visite, est vite submergée par la foule. L'*Oltrarno*, l'"autre côté de l'Arno", dégage une atmosphère plus vécue. Une fois dépassé le Palazzo Pitti (**E** E3) — si vaste qu'on le visite en plusieurs fois —, les Florentins reprennent leurs droits. Les petits artisans tiennent boutiques, tandis que les familles fortunées se rendent chez les antiquaires…

✪ Masaccio et Fra Angelico : Cappella Brancacci (E C2) et Museo di San Marco (C C3)
Deux maîtres du XVe s. Dans la Cappella Brancacci, la plus émouvante de toutes les chapelles, Masaccio a réalisé des fresques sur le thème du péché originel, dont *Adam et Ève chassés du paradis*, à l'expression poignante… À San Marco, Fra Angelico lui-même a décoré les cellules des moines. Dans son *Annonciation*, il atteint le summum de la grâce.

✪ San Miniato al Monte (F D3)
Avec le Piazzale Michelangelo, le parvis de l'église San Miniato offre un panorama idéal sur ce qui fait la beauté de cette ville compacte, resserrée autour de son fleuve : la campagne toscane, les jardins luxuriants des villas, et le fouillis de maisons basses dominé par la flèche du Palazzo Vecchio et l'arrondi du Dôme.

✪ Palais Renaissance (B F4)
Ou comment se plonger dans la vie quotidienne des XVe-XVIe s. en pénétrant dans les palais Davanzati (**B** F4), Corsini (**B** E4), Strozzi (**B** F4), ou Spini Feroni (**B** F4) qui abrite l'extravagant musée du chausseur de luxe Ferragamo.

Florence pratique

DUOMO

CARTE DE VISITE

- Capitale de la Toscane
- 377 100 hab. (991 000 avec agglomération)
- 12 millions visiteurs/an
- Été : 15-32 °C ; print.-aut. : 6-23 °C ; hiver : 2-15 °C
- 70 musées, 6 000 monuments historiques

CARTE DES MARCHÉS

SPÉCIALITÉS

Ribollita : solide soupe paysanne au pain et aux légumes
Pappa al pomodoro : soupe de pain et tomate
Trippa alla fiorentina : tripes en sauce
Fagioli all'ucceletto : haricots blancs en sauce (tomates, oignons, sauge)
Baccalà alla fiorentina : bouchées de morue frites, revenues à la tomate et à la sauge
Tartufo : truffe blanche
Funghi porcini : cèpes
Bistecca alla fiorentina : épaisse côte de bœuf
Focaccia : sorte de fougasse à l'huile d'olive, nature ou garnie

PONTE VECCHIO

SUR LES BORDS DE L'ARNO

ARCHITECTURE

Le roman (XIe-XIIIe s.)
Si la rigueur classique de l'Antiquité se retrouve dans le roman florentin (colonnes, frontons), les décors de marqueterie en marbre vert et ivoire sont très toscans.
Battistero (A B1), San Miniato al Monte (F D3)
Le gothique (XIIIe-XIVe s.)
Églises : quelques éléments gothiques (arcs en ogive, piliers étroits), mais les formes restent horizontales, simples et planes.
Campanile (A B2), Orsanmichele (A B3)
Bâtiments aux allures de forteresses allégées par les fenêtres ogivales.
Bargello (A D4), Palazzo Vecchio (A C4)
La Renaissance (XVe-XVIe s.)
Renouveau artistique insufflé par le courant humaniste. L'antiquité redécouverte et les avancées scientifiques favorisent un art centré sur l'homme. Expressivité en peinture (Masaccio) ou en sculpture (Donatello), clarté des espaces, harmonie des proportions chez les architectes, (Brunelleschi). Recherche de la perspective.
Palazzo Strozzi (B F4), San Lorenzo (C A4)
Le baroque (XVIIe s.)
Après la contre-réforme et le maniérisme (XVIe s.), exagération des formes, introduction de la courbe. Peu de traces ici.
San Gaetano (B F3)

INTERNET

Florence en ligne
→ *www.firenzeturismo.it*
Office de tourisme.
→ *www.polomuseale.firenze.it*
Site officiel des musées.
Cyber centres
La ch@t (D B3)
→ *Via Ghibellina, 98/r*
Tél. 055 24 66 472 Été : tlj. 11h-0h ; hiver : tlj. 11h-23h
Internet Point (C B4)
→ *Via Cavour, 21/r*
Tél. 055 21 74 80 Tlj. 9h-20h

INFORMATIONS TOURISTIQUES

Uffici Informazioni Turistiche Firenze (C B4)
→ *Via Cavour, 1/r*
Tél. 055 29 08 32
Lun.-sam. 8h30-18h30
→ *Piazza della Stazione, 4* (**B** E2) *Tél. 055 21 22 45*
Tlj. 9h-19h (14h dim.)
→ *Piazza di San Giovanni 1 – museo del Bigallo* (**A** B1)
Tél. 055 28 84 96
Tlj. 9h-19h (14h dim.)

TÉLÉPHONE

Indicatifs
France-Italie
→ *00 39 + numéro*
Italie-France
→ *00 33 + numéro (sans le 0)*
Numéros utiles
Urgences médicales
→ *Tél. 118*
Medical Service Firenze
→ *Via Roma, 4* (**A** B2)
Tél. 055 47 54 11
Gendarmerie / Police
→ *Tél. 112/113*
Objets trouvés (B B1)
→ *Via Veracini, 5 Bus n° 17, arrêt Puccini Tél. 055 33 48 02 Lun., mer., ven. 9h-12h30 ; mar., jeu. 9h-12h30, 14h30-16h30*

CALENDRIER

Jours fériés
→ *1er jan., 6 jan. (Épiphanie), dim. et lundi de Pâques, 25 avr. (Libération), 1er mai, 2 juin (fête de la République), 24 juin (Saint-Jean, patron de Florence), 15 août, 1er nov., 8 déc. (Immaculée Conception), 25-26 déc.*
Attention, beaucoup d'établissements fermés les 15 premiers jours d'août !
Mars-avril
Scoppio del Carro
→ *Dim. de Pâques*
Procession d'un char tiré par des bœufs blancs du Prato (**B** C2) au Duomo (**A** C1), puis mise à feu d'une fusée dont le vol détermine si les récoltes de l'année seront bonnes !
Maggio Musicale (B B3)
→ *Tél. 055 277 93 50 Avr.-juin*
www.maggiofiorentino.it
Le plus ancien festival de musique italien (1937).
Mai
Festa del Grillo
→ *Dim. de l'Ascension*
Fête du printemps au parc des Cascine (**B** A2) : les enfants achètent puis libèrent leur grillon porte-bonheur.
Fabbrica Europa (B B1)
→ *Stazione Leopolda*
www.ffeac.org
Festival de danse, théâtre et musique.
Juin-août
Calcio Storico Fiorentino (D B4)
→ *Piazza S. Croce 24 juin, lors de la fête de la Saint-Jean*
Finale costumée du *calcio*, sorte de football médiéval qui donnait l'occasion aux quartiers et aux équipes de faire la paix. Feu d'artifice magistral sur le piazzale Michelangelo.
Estate Fiesolana
→ *Mi-juin-juil.*
www.estatefiesolana.it
Théâtre, musique, cinéma, opéra et dégustations au Teatro Romano de Fiesole.
Estate a Palazzo Pitti
→ *www.maggiofiorentino.it*
Opéra et ballet dans la cour du Palais Pitti (**E** E3).
Concerts en plein air
→ *Juin-début sep.*
Concerts gratuits Piazza Santo Spirito (**E** D2), Piazza Ghiberti (**D** D3).
Septembre
La Rificolona
→ *7 sep.*
Fête de la Vierge : les Florentins descendent dans la rue avec une lanterne.
Octobre-décembre
50 Giorni du Cinema Internazionale
→ *Tél. 055 271 90 11*
www.50giornidicinema.com
Festival international de cinéma.

BUDGET

Logement
Une chambre double avec sdb en haute saison : 80-140€.
Restaurants
Une pizza : 6-8€.
Repas moyen à la carte : 20-30€ (*antipasti*, *primo* ou *secondo*, dessert).
Sortir
Entrée en discothèque avec une boisson : 10-15€.
Musées
Entrée : 4-13€.
Réservation : 3-4€.

HORAIRES

Repas
Colazione (petit déj.) : 8-9h
Pranzo (déjeuner) : 12h-15h
Aperitivo (apéritif) : 19-21h
Cena (dîner) : 19h30-23h
Heures d'ouverture
Musées
→ *Souvent fermés lun. ou mar. Dernière entrée env. 1h avant la fermeture*
Églises
→ *En général, 9h-12h, 16h-19h*
Banques
→ *Lun.-ven. 8h30-13h, 15h-16h*
Poste centrale (A A3)
→ *Via Pellicceria, 3*
Tél. 055 27 36 481 Lun.-sam. 8h20-19h05 (12h35 sam.)
Boutiques
→ *Lun.-sam. 9h-13h, 15h30-19h30*
Fermé lun. matin (hiver), sam. a.-m. (été)

SE REPÉRER

Parfois déroutante, la numérotation des rues est double à Florence : numéro rouge ou suivi de la lettre "r" (pour *rosso*) pour les boutiques, restaurants, entreprises ; numéro bleu ou noir pour les habitations privées. Chaque numérotation est indépendante : un "6" rouge peut suivre un "14" noir.

SE RESTAURER

Les Florentins aiment dîner dehors : réserver, surtout le w.-e. !
Trattoria, ristorante...
Plusieurs types d'établissements pour toutes les bourses.
Trattoria ou *osteria* : cuisine toscane traditionnelle, simple et authentique
Ristorante : la catégorie au-dessus en termes de prix, de raffinement, de choix

BIENVENUE À...

Florence !

Florence, cité de la Renaissance, berceau des Médicis, ville de grands mécènes, construite par des dynasties de marchands et de banquiers... Mais aujourd'hui, est-ce une ville musée ou une ville bien habitée ? Tout dépend de ce que l'on y cherche ! Dans le périmètre piéton qui va du Dôme aux Offices, de l'église Santa Croce au Ponte Vecchio, les œuvres d'art s'égrènent, à l'abri de touchantes églises ou de puissants palais.

Mais la capitale de la Toscane ne saurait se résumer à son passé. Ville étudiante, commerçante, enjouée, elle abrite en son sein une vie toute singulière. On la découvre en se faufilant dans les quartiers populaires de Sant'Ambrogio ou de San Frediano, en longeant l'Arno, qui mène au grand parc des Cascine, en grimpant sur les collines plantées d'oliviers et rythmées de cyprès, vers l'église San Miniato al Monte ou dans le village de Fiesole...

Là, à l'écart des circuits balisés, d'excellentes tables tutoient des gargotes charmantes, où les Florentins ont toujours leurs habitudes, qu'ils soient aristocrates ou artisans. À l'abri derrière les murs épais de demeures Renaissance, ces derniers sont joailliers, stylistes, chausseurs, tisseurs de soie et de brocart, parfumeurs, glaciers... Enfin, à Florence comme ailleurs, on laisse le soleil décliner au son des verres qui tintent, d'un concert en plein air ou d'un grand opéra. Avec Cartoville, la ville s'ouvre à vous !

Bienvenue à Florence !

A Centro Storico

B Santa Maria Novella

C San Lorenzo

D Santa Croce

E Santo Spirito / San Frediano

F San Miniato al Monte

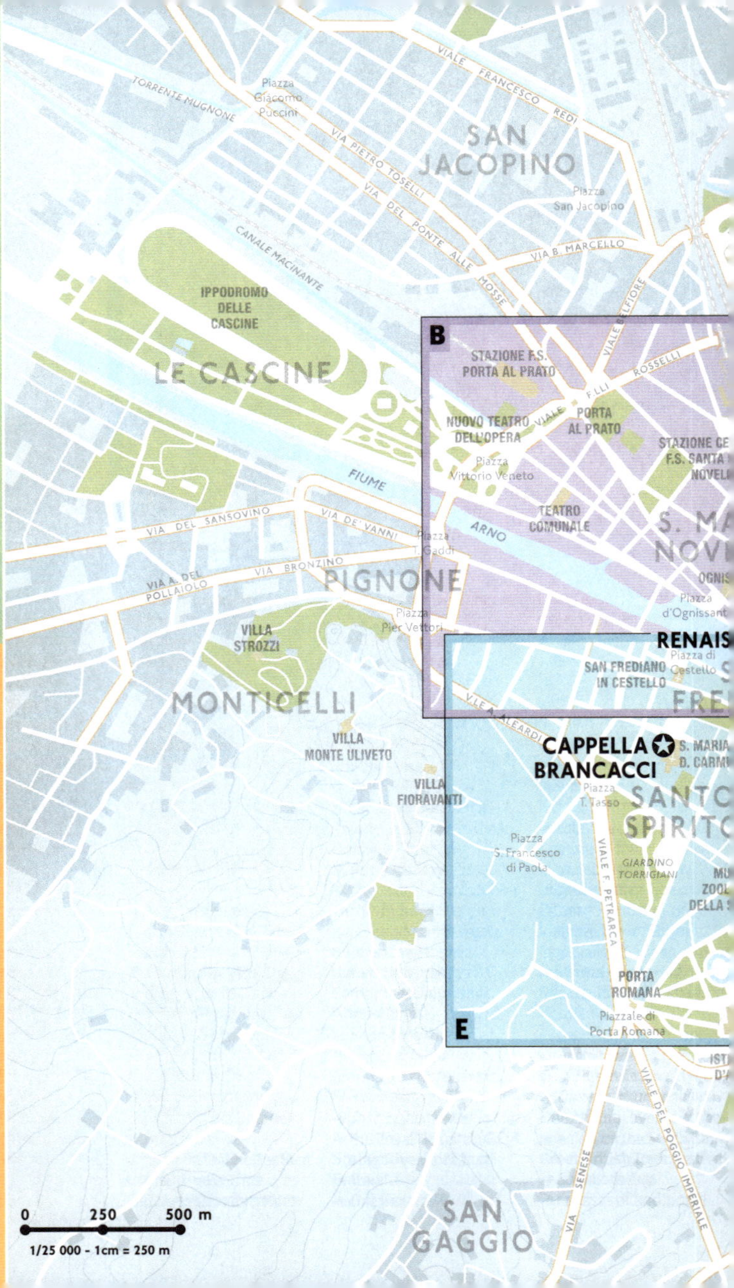